LE RÉGIME PARLEMENTAIRE EN BRETAGNE

AU XVIIIe SIÈCLE

LES ÉTATS PROVINCIAUX EN 1776

L'importance de la session législative de 1776 dans l'histoire des États de Bretagne, vient moins de ce qu'elle donne que de ce qu'elle annonce pour l'avenir. Ce qui la caractérise est le développement de l'esprit d'opposition qui, réservé jusqu'alors à la Noblesse, commence à envahir le Tiers-État. L'Assemblée entière se montre susceptible, irritable, jalouse de ses droits. Elle ne se contente pas de défendre ses prérogatives actuelles, elle revient sur des abus qu'avaient tolérés les Assemblées précédentes. L'âpreté de son langage, la vivacité de ses protestations souvent déclamatoires, sont des symptômes nouveaux, auxquels il est facile de reconnaître l'approche de la Révolution.

Les États se réunirent à Rennes le lundi 30 septembre. Les présidents des Ordres étaient l'évêque de Rennes, Bareau de Girac, pour l'Église; le marquis de Sérent, baron de Malestroit, pour la Noblesse; le sénéchal de Rennes, Léon de Tréverret, pour le Tiers-État. Chacun d'eux présidait son Ordre en vertu d'un droit attaché à son titre ou à ses fonctions. La Noblesse seule élisait son président, quand il ne se trouvait aucun des neuf barons de Bretagne présent à l'Assemblée. Elle eut occasion de faire usage de son droit au mois de novembre. Le marquis de Sérent resta près de quinze jours retenu à son hôtel par une indisposition. Les gentilshommes bretons furent appelés à élire un président intérimaire. Ils firent un choix qui ne laissait aucun doute sur leurs sentiments. Ils désignèrent le comte de Kératry, un des chefs les plus résolus de l'opposition [1].

Les États, une fois constitués, envoyèrent une députation de dix-huit membres aux commissaires du gouvernement, pour les inviter à venir ouvrir la session. Les commissaires étaient au nombre de cinq, dont trois représentaient le Roi et deux le Conseil d'État. Le premier commissaire du Roi était le maréchal d'Aubeterre, commandant militaire de la province. Le premier commissaire du Conseil était l'intendant Caze de la Bove. Les commissaires du gouvernement ne tardèrent pas à entrer dans la salle des États. Ils furent reçus à la porte par les dix-huit, qui les escortèrent jusqu'au pied de l'estrade où ils prirent place. Le marquis d'Aubeterre fit lire la commission générale qui convoquait l'Assemblée et les commissions particulières qui fixaient les pouvoirs des représentants du Roi et du Conseil. Il prononça un discours que suivirent deux autres harangues prononcées, l'une par le premier président d'Amilly, second commissaire du Roi, l'autre par M. de la Bourdonnais, l'un des procureurs généraux des États.

Le mardi 1er octobre, les trois Ordres assistèrent en corps à la messe du Saint-Esprit. Quand ils eurent repris leur place sur le théâtre qui servait à la fois de salle commune et de chambre pour les délibérations de la Noblesse, les commis-

1. Pour cette étude, nos sources sont : 1° le registre des États ; 2° la correspondance de l'intendant, comprise dans les liasses C 1794 et 1795 des Archives d'Ille-et-Vilaine.

saires du gouvernement reparurent. L'intendant Caze de la Bove prononça un discours, qu'il termina en demandant, au nom du Roi, un don gratuit de deux millions. Les commissaires du gouvernement se retirèrent après cette demande. Les trois Ordres allèrent délibérer aux chambres. Cette délibération n'était d'ailleurs qu'une formalité, car depuis le temps du duc de Chaulnes, au XVIIe siècle, il était établi en principe que le don gratuit ne pouvait jamais être refusé. Les deux millions furent donc accordés par les trois Ordres. La députation des dix-huit fut chargée de porter cette nouvelle aux commissaires du gouvernement, qui se hâtèrent de l'expédier à Versailles.

Après avoir voté le don gratuit, les États accordent deux aumônes : l'une de 6,000 livres à la noblesse pauvre, l'autre de 1,200 livres aux mendiants de Rennes. Cette somme de 1,200 livres sera remise aux administrateurs de l'Hôpital-Général, avec ordre d'interner les mendiants, de manière à ce qu'aucun ne paraisse dans les rues pendant la session. Les États continuent les pouvoirs de la commission intermédiaire, qui partage avec l'intendant l'administration de la province. Ils forment deux députations chargées de présenter leurs hommages, l'une à la marquise d'Aubeterre, l'autre à la marquise de Sérent. Enfin, ils élisent les commissions de chiffrature et de la liste.

La commission de chiffrature inscrit sur le registre la date des séances et signe les feuillets. Le procès-verbal de chaque séance est, d'ailleurs, lu au commencement de la séance suivante et signé des présidents. La commission de la liste examine la commission générale, qu'elle compare avec le modèle arrêté en 1645, de crainte que les ministres n'y introduisent subrepticement quelque formule équivoque, quelque mot menaçant pour les libertés de la province. Elle vérifie les procurations des députés des villes et des chapitres; elle dresse la liste des membres de la Noblesse, dont elle contrôle les titres. En un mot, elle prépare ce que nous appelons la vérification des pouvoirs.

La séance du 1er octobre se termina par un orage imprévu. Il s'était introduit en 1752 une coutume qui, sans offrir de bien grands avantages, était onéreuse pour les finances de l'État et de la province. Pendant toute la durée des sessions, les commissaires du gouvernement, les présidents des trois Ordres et les officiers des États tenaient table ouverte. Chacun d'eux offrait tous les jours un grand repas aux membres de l'Assemblée. Les tables des commissaires du gouvernement n'étaient pas complètement inutiles. Elles permettaient aux délégués du pouvoir central d'agir sur l'Assemblée, d'effrayer les esprits timides, de gagner les indécis. Les tables des officiers des États étaient un foyer d'intrigues et de cabales. Elles étaient assiduement fréquentées par les pensionnaires de la Noblesse, au nombre de quarante-six. C'étaient de pauvres gentilshommes qui recevaient des États une pension viagère de 200 livres par an, à condition d'assister scrupuleusement à toutes les séances. Sans la ressource des tables et des invitations qu'ils recevaient de leurs amis, leur maigre pension n'aurait pas suffi à leurs dépenses. Leur détresse les livrait à la merci de tous les meneurs de l'opposition[1].

Pour remédier à cet abus, le Conseil d'État rendit, le 29 mars 1776, un arrêt qui, sous prétexte de réduire les charges qui pesaient sur le peuple, et de diminuer les dépenses du Trésor, réorganisait les tables, en réduisant surtout celles des officiers des États. La lecture de cet arrêt, à la fin de la séance du 1er octobre, suscita une véritable tempête dans le Tiers-État et surtout dans la Noblesse. Les membres les plus exaltés s'indignent que le Conseil d'État prétende leur donner

1. Pour tous ces détails, Arch. d'Ille-et-Vil., C 1799.

une leçon d'économie. Les meneurs de l'opposition comprennent facilement que le but de l'arrêt du Conseil est moins de réduire les dépenses du Trésor que de détruire leur influence, ce qui ajoute encore à leur irritation. La plupart d'entre eux pensent que la meilleure manière de répondre au Conseil d'État est de supprimer complètement les tables. Cette mesure a le double avantage de produire une véritable économie et de détruire l'influence des commissaires du gouvernement. Les Ordres vont délibérer aux chambres. Le Tiers-État n'est pas long à formuler un avis, en vertu duquel il propose de supprimer les tables. La Noblesse se hâte d'adopter l'avis du Tiers-État. L'Église émet un tardé à délibérer.

Le lendemain, 2 octobre, les Ordres retournent aux chambres pour reprendre la discussion de la veille. Le tardé à délibérer de l'Église annulait les délibérations de la Noblesse et du Tiers-État. Ces deux Ordres envoient bientôt aux membres du Clergé un avis qui reproduit purement et simplement leur décision précédente. Il ne leur reste plus qu'à attendre l'avis de l'Église. Mais les membres du Clergé se trouvent dans le plus grand embarras. Ils hésitent à se séparer des deux autres Ordres, dont ils sont loin de partager l'exaltation. Ils voudraient leur laisser le temps de se calmer et de réfléchir. Ils restent pendant dix heures en séance. A sept heures du soir seulement l'Église formule son avis, qui est de maintenir les tables, en priant le roi de retirer l'arrêt du Conseil d'État.

Les trois Ordres se réunissent sur le théâtre, où les présidents énoncent officiellement les avis. Il s'agit de savoir si l'accord de la Noblesse et du Tiers-État constitue une délibération régulière des États. Un membre du Clergé fait observer qu'il n'en est pas ainsi. La suppression des tables, dit-il, est une question de police intérieure, qui ne peut être décidée que par un règlement. Or, pour faire un règlement, l'accord des trois Ordres est indispensable. Un membre de la Noblesse combat avec vivacité cette allégation. Il ne s'agit pas, dit-il, de faire un règlement, mais de s'associer aux intentions bienfaisantes du roi, en supprimant une dépense inutile. Ce n'est pas là une question de police intérieure, mais une question de finance. Dans les questions de finance, l'accord de deux Ordres suffit pour former une délibération. La Noblesse et le Tiers-État ont émis le même avis : cet avis a force de loi. La question, cependant, était moins claire que ne prétendait le noble orateur; mais il était difficile de ramener les deux Ordres à la raison. L'Église vit que les exaltés allaient violer le règlement des États et susciter peut-être des complications inextricables. Elle résolut d'abandonner sa propre décision. L'abbé de Girac consulta les membres du Clergé et prit de nouveau les voix. L'Église adopta l'avis de la Noblesse et du Tiers-État. Elle sauva ainsi le règlement, que les meneurs de l'opposition allaient fouler aux pieds. En conséquence, les États supprimèrent les tables de leurs présidents et de leurs officiers, et défendirent à leurs membres de se présenter aux tables des commissaires du roi.

L'Assemblée alléguait, pour justifier cette mesure, le désir de s'associer aux intentions de Sa Majesté. Mais il n'y avait pas à s'y tromper, la décision qu'elle venait de prendre était une marque de défiance à l'égard du gouvernement. Néanmoins, les gentilshommes les plus ardents ne furent pas satisfaits. L'arrêt du Conseil avait blessé leur orgueil. Ils tenaient à exhaler officiellement leur humeur, à obtenir de l'Assemblée une déclaration plus aigre et plus précise. La délibération du 2 octobre leur semblait rédigée dans des termes trop respectueux. La Noblesse revint donc à la charge, dans l'espoir d'entraîner au moins le Tiers-État à sa suite. Le 10 octobre, un de ses membres proposa de supplier le Roi de se faire rendre un compte exact de ce que coûtaient au Trésor les sessions des États de Bretagne depuis 1752, de fixer la dépense des tables et d'accorder à la province une diminution d'impôt proportionnée à l'économie qui résultait de leur suppression. Cette proposition excita l'enthousiasme de la Noblesse, qui se préparait à l'adopter. Elle fut soumise à l'Assemblée. Le Tiers-État, sans la rejeter, fit au texte des changements qui lui ôtaient son caractère agressif. La Noblesse, étonnée, ajourna les débats et émit un tardé à délibérer. Les trois Ordres convinrent de ne reprendre la discussion qu'après les demandes du Roi.

La Noblesse eut ainsi une semaine entière de répit. Le 17 octobre, il fallut cependant aborder la question. L'orateur du 10 octobre lut aux États un long Mémoire, dans lequel il développait sa proposition. Il faut que les États se rendent compte de ce que coûtaient leurs sessions au trésor royal avant 1752, de ce qu'elles coûtent depuis 1752; qu'ils arrivent à fixer la dépense des tables. Il serait même à propos de supplier humblement Sa Majesté, soit de leur donner à cet égard des renseignements, soit d'en demander au contrôleur général des finances. Quand les États sauront à combien s'élève l'économie réalisée par la suppression des tables, ils prieront le Roi d'accorder une réduction équivalente sur les impositions de la province. Les tables, d'ailleurs, n'ont jamais été qu'une innovation dangereuse, inspirée par le duc d'Aiguillon, qui, dans un Mémoire adressé aux ministres, les représentait comme le seul moyen « de faire faire aux Bretons tout ce qu'on veut. » Le fougueux gentilhomme terminait en proposant une enquête pour rechercher ceux qui avaient pu se prêter à de si grossières séductions. Le souvenir du duc d'Aiguillon suffisait pour ranimer toutes les rancunes de la Noblesse. Les deux autres Ordres refusèrent de s'engager dans la voie où les meneurs cherchaient à les attirer. La Noblesse était d'avis de former une commission chargée d'examiner le Mémoire; une partie de ses membres auraient été bien aises de rallumer d'anciennes querelles, de flétrir de nouveau les partisans du duc d'Aiguillon, « les ifs, » qui avaient abandonné leurs amis en 1766. Le Tiers-État et l'Église adoptèrent un avis plus sage : c'était de prier le Roi de réduire les impositions de la province en proportion de l'économie réalisée par la suppression des tables. Sur le reste du Mémoire, les deux Ordres déclarèrent qu'il n'y avait pas lieu de délibérer. La Noblesse obtint, d'ailleurs, une satisfaction réelle dans les termes mêmes de la délibération. Les deux Ordres chargeaient, en effet, le maréchal d'Aubeterre « de témoigner au Roi la sensibilité des États sur les motifs qui semblent avoir déterminé l'arrêt du Conseil du 29 mars 1776 et sur les dispositions dudit arrêt, qui tendraient à les priver de la satisfaction de faire eux-mêmes une réforme utile, dont ils s'étaient occupés dans leurs tenues de 1768 et 1770. »

Malgré l'agitation produite par l'affaire des tables, les États avaient commencé leurs travaux ordinaires. Le 5 octobre, la commission de la liste remit à l'Assemblée la liste des membres de la Noblesse inscrits pour assister aux séances. Tous les gentilshommes âgés de vingt-cinq ans, comptant quatre quartiers de noblesse, avaient droit de siéger aux États, à condition de se faire inscrire dans les six premiers jours de la session. Ce droit, cependant, était suspendu pour ceux qui exerçaient une profession dérogeante, comme le commerce et l'industrie; pour ceux qui étaient pourvus d'un office judiciaire ou d'un emploi dans l'administration ou les finances. Les États, après avoir examiné la liste, rayèrent quelques gentilshommes dont les titres parurent mal fondés; ils en admirent d'autres qui prouvèrent l'antiquité de leur race. Ils acceptèrent les procurations des députés des villes et des chapitres. Le 8 octobre, la vérification des pouvoirs fut terminée. Dès la veille, l'Assemblée avait élu les différentes commissions chargées de préparer ses travaux. C'étaient les commissions des finances, des impositions, des étapes et du casernement, du commerce et des ouvrages publics, du domaine et contrôle, des affaires contentieuses, des contraventions, des pompes funèbres; la commission pour l'examen de l'administration de la commission intermédiaire; enfin, la commission chargée de visiter les malades. La commission des pompes funèbres était chargée d'organiser la cérémonie des funérailles des membres de l'Assemblée qui mouraient pendant la session. Les États assistaient toujours en corps à la cérémonie, dont ils faisaient les frais. La commission des malades était chargée de rendre visite aux membres malades et de leur témoigner l'intérêt de l'Assemblée.

Dès le 3 octobre avait commencé la lecture des rapports, dont l'étude formait une des parties les plus importantes des travaux des États de Bretagne. Les États avaient, en effet, deux procureurs généraux syndics et deux substituts, dont le rôle offre quelque analogie avec les attributions des tribuns du peuple dans la constitution de la république romaine. Après chaque session, l'un des procureurs généraux se rendait à la Cour, accompagné d'une députation de trois membres élus par l'Assemblée. Le procureur et les députés restaient à la suite de la Cour pendant tout l'intervalle des sessions. En arrivant, leur premier soin était de faire ratifier le contrat, c'est-à-dire la Charte qui consacrait de nouveau les droits de la province, et l'état de fonds ou budget. Ils présentaient ensuite au roi le Cahier des remontrances. Eux-mêmes étaient munis d'instructions très-complètes, très-détaillées, où les États leur recommandaient d'abord de maintenir scrupuleusement les droits de la province, de prendre des informations sur les édits, les ordonnances, les arrêts du Conseil contraires à leurs privilèges ou à leur autorité constitutionnelle. S'il survenait quelque édit ou quelque arrêt de ce genre, leur devoir était d'avertir immédiatement le procureur resté en Bretagne et la commission intermédiaire. Après ces recommandations générales venaient des recommandations particulières. C'étaient des instances à soutenir devant le Conseil d'État en faveur des Bretons lésés dans leurs intérêts par les exigences de l'administration, des faveurs à solliciter pour le commerce et les négociants, les agriculteurs de la province, de l'avancement ou des récompenses à réclamer pour les officiers originaires de Bretagne. Le procureur général et les députés en Cour étaient toujours prêts à recevoir les plaintes, à défendre les intérêts et les droits de leurs compatriotes. Dans le rapport qu'ils adressaient aux États, ils rendaient compte de leurs actes et des résultats de leurs démarches.

Le procureur général qui restait en Bretagne allait d'abord, à la tête d'une seconde députation, présenter à la Chambre des Comptes l'état des recettes et des dépenses, avec les pièces à l'appui. Il s'occupait ensuite, avec ses deux substituts, des affaires courantes de la province. Ainsi que le procureur et les députés en Cour, le procureur en Bretagne et ses substituts recevaient des instructions précises. Ils devaient empêcher l'enregistrement de tout édit, de tout arrêt du Conseil contraire aux droits des États. Si le gouvernement essayait de lever des taxes non autorisées par l'Assemblée, leur devoir était de se rendre immédiatement au Parlement et de former opposition à l'enregistrement des ordonnances illégales. Après ces prescriptions générales venaient des recommandations particulières. C'étaient des individus, des paroisses à protéger contre les commis de la gabelle ou les fermiers de la traite domaniale, des procès à soutenir en leur faveur au nom des États. C'étaient des abus à réprimer, des réclamations à vérifier. Comme le procureur en Cour, le procureur en Bretagne recevait toutes les plaintes et soutenait, au nom de la province, tous les habitants dont les droits pouvaient être menacés. Il faisait ensuite son rapport aux États, ainsi que ses substituts.

Tous ces rapports étaient fort longs. En 1776, celui du procureur général et des députés en Cour comprenait 122 articles; celui du procureur général en Bretagne en comprenait 101. Chaque article était l'objet d'une délibération aux chambres. L'Assemblée examinait en détail chacune des questions qui lui étaient soumises. Quelques-unes étaient abandonnées, comme « affaires finies. » D'autres étaient renvoyées aux diverses commissions, invitées à les étudier. Un grand nombre étaient immédiatement résolues, ou bien formaient l'objet de nouveaux articles pour les instructions des procureurs généraux. On comprend facilement que ces diverses discussions remplissaient de nombreuses séances et occupaient utilement l'activité de l'Assemblée. L'ordre du jour n'était, d'ailleurs, jamais fixé d'une manière bien rigoureuse. Les séances d'affaires étaient souvent interrompues par la lecture de pétitions presque toujours patronnées par les membres de la Noblesse, ou par des propositions de réformes diverses, presque toujours enfantées par l'imagination féconde de M. de Langourla.

Les séances consacrées à l'examen des divers rapports étaient des séances d'affaires, qui n'offraient aucun aliment aux passions politiques. Mais elles se compliquèrent d'un incident qui excita assez mal à propos la défiance de l'Assemblée et qui faillit amener des discussions presque aussi vives que l'affaire des tables. Le 8 octobre, le trésorier des États, M. de la Lande-Magon, accablé de vieillesse, donna sa démission. Les commissaires du gouvernement donnèrent à l'Assemblée une liste de cinq candidats agréés par le Roi pour lui succéder. Au lieu de procéder immédiatement à l'élection, les États nommèrent une commission chargée d'arrêter les conditions de la charge de trésorier. Le contrôleur général des finances écrivit à chacun des cinq candidats qu'il ne pourrait remplir son office qu'à condition de verser d'avance un cautionnement de deux millions. C'était là une garantie fort sage de la part d'un officier appelé à manier un budget de près de quinze millions par an. Mais c'était une innovation, et une innovation venant du gouvernement ; à ce double titre, elle devait être suspecte à l'Assemblée. Le 14 octobre, l'évêque de Quimper, au nom de la commission chargée de rédiger les conditions de l'office de trésorier, fit lire la lettre du contrôleur général aux candidats. Il fit observer que le cautionnement était utile pour le Roi et pour la province, dont il garantissait les intérêts. Les États ne furent pas de cet avis. Ils trouvèrent que c'était une atteinte à leur liberté, qu'il ne leur serait plus possible de choisir le plus digne, puisque le plus digne ne pouvait être élu à moins de fournir deux millions. Le cautionnement, d'ailleurs, ne garantissait que les intérêts du Roi et non ceux de la province. Enfin, certains membres exaltés s'indignaient qu'avant de consulter l'Assemblée on eût forcé les candidats de verser leur cautionnement au trésor royal. Le Tiers-État proposa un accommodement : c'était de prier les commissaires du gouvernement de faire restituer aux candidats les fonds qu'ils avaient versés. Ils seront ensuite déposés au greffe et resteront à la disposition de la province. Cet avis fut rejeté. L'Église et la Noblesse décidèrent qu'une députation serait envoyée aux commissaires du gouvernement, pour leur demander s'ils étaient autorisés à permettre aux candidats de retirer leur cautionnement.

Le maréchal d'Aubeterre répondit à la députation qu'il ne pouvait donner cette autorisation ; que la province, autant que le Roi, était intéressée dans la question ; qu'on exigeait un cautionnement de tous les employés des finances, et qu'il était sage d'en exiger un du trésorier de Bretagne. L'Assemblée, après avoir reçu communication de cette réponse, chargea les présidents des Ordres d'écrire au Roi, pour le prier d'autoriser les aspirants à la trésorerie à reprendre leur cautionnement, attendu que cette exigence était contraire aux usages et aux libertés de la province. La lettre des présidents fut soumise aux États, qui prièrent le maréchal de l'expédier en Cour, en l'appuyant de ses bons offices.

Le gouvernement était bien décidé à résister aux réclamations de l'Assemblée. La seule concession qui parût raisonnable aux ministres était d'accepter le compromis proposé par le Tiers-État. Le ministre de la Maison du Roi, Amelot, écrivit au maréchal d'Aubeterre une lettre officielle, dans laquelle il déclarait nettement que le Roi, « pour la sûreté commune » de l'État et de la province, entendait maintenir le cautionnement. Cette lettre fut communiquée à l'Assemblée le 23 octobre. Les États la renvoyèrent à la commission chargée d'examiner les conditions de la place de trésorier. Le 29 octobre, la commission donna lecture de son rapport, dans lequel elle proposait d'ajouter aux anciennes conditions imposées au trésorier l'obligation de fournir un cautionnement de deux millions. Les Ordres se retirent aux chambres pour délibérer sur ce rapport. La discussion se prolonge jusqu'à six heures du soir. L'Église est d'avis d'élire provisoirement un nouveau trésorier, avec la conviction que le Roi se rendra aux instances des États à l'égard du cautionnement. Le Tiers-État maintient son premier avis. La Noblesse propose d'adresser au Roi un Mémoire sur les inconvénients que présente le cautionnement et l'impuissance où se trouve l'Assemblée d'élire un trésorier, « vu que sa liberté est gênée, vu que les États, comme propriétaires des deniers de leur caisse et responsables de l'administration de leur dépositaire, ont le droit naturel et la possession de discuter, d'examiner, de rejeter ou d'admettre la validité des cautions offertes; vu, enfin, que la dépendance où se trouverait leur trésorier, par l'effet d'un cautionnement de deux millions qu'on pourrait le forcer de réaliser, donnerait de justes alarmes aux États sur l'extrême facilité qu'on aurait à y chercher des ressources dans des temps qui peuvent arriver. »

Toute la séance du 30 fut employée à chercher un moyen de concilier les avis différents des trois Ordres. Le Tiers-État persévéra dans sa première délibération. L'Église et la Noblesse finirent, après de longues négociations, par adopter un avis commun, dans lequel ils se faisaient des concessions mutuelles. Ils décidèrent que la commission rédigerait un Mémoire, pour prouver au Roi la nécessité de retirer le cautionnement, pour assurer la liberté du choix des États. Ce Mémoire sera remis au marquis d'Aubeterre, qui sera prié de l'envoyer à la Cour, en l'appuyant de ses bons offices. Dès que les candidats à la charge de trésorier auront recouvré leur cautionnement, les États éliront leur trésorier, en prenant eux-mêmes toutes les mesures les plus propres à garantir les intérêts du Roi et de la province.

L'avis des deux Ordres constituait une délibération des États. La commission eut donc à rédiger un Mémoire, qui fut expédié en Cour par le marquis d'Aubeterre. Le 23 novembre, l'Assemblée reçut la réponse du gouvernement. Le Roi consentait à ce que le cautionnement fût retiré du Trésor et déposé au greffe, mais seulement après l'élection du trésorier. Cette réponse fut envoyée à la commission et discutée le 26. La commission proposa à l'Assemblée un projet de règlement sur les conditions de la charge de trésorier. Dans son rapport sur la réponse du contrôleur général, elle émit l'avis d'accepter le cautionnement tel que l'admettait maintenant le gouvernement. Le Tiers-État formula le premier un avis conforme à celui de la commission. La Noblesse souleva des difficultés. Elle comprenait plusieurs membres intraitables, pour qui l'opposition était un besoin. La victoire qu'ils avaient obtenue en arrachant des concessions au gouvernement leur semblait incomplète. Pour mieux affirmer l'indépendance de l'Assemblée, ils prétendaient discuter le chiffre du cautionnement; ils ne voulaient pas accepter celui de deux millions; ils tenaient à le réduire. La séance se passa à discuter, sans rien conclure. Le 27, les trois Ordres, de guerre lasse, décidèrent que le cautionnement serait de 1,900,000 fr. Le 30 novembre, les États élurent comme trésorier M. Beaugeard. Les ministres montrèrent une certaine humeur de la décision du 27 novembre. Ils l'acceptèrent cependant, afin d'en finir avec cette question du cautionnement, qui avait suscité tant de contestations stériles.

Dès le mois d'octobre avait commencé la discussion du budget. Le 16, une note des commissaires du gouvernement fit connaître aux États les demandes du Roi. Elles comprenaient, suivant l'usage, des demandes d'impôts, dont le produit devait être versé au Trésor, et des demandes de crédits pour différents services. Les demandes d'impôts formaient ce qu'on appelait les grosses demandes. En 1776, elles comprennent la capitation : 1,800,000 liv. par an, dont 400,000 liv. pour le remboursement des dettes de la province; deux vingtièmes, à raison de 1,330,000 liv. par an et par vingtième; 266,000 livres par an pour les 2 sols par livre du dixième aboli en 1749; 550,000 liv. par an, pour l'impôt du casernement; 214,000 liv. pour les fouages ordinaires; 428,000 pour les fouages extraordinaires; 326,000 pour les droits attachés aux offices créés sur les fouages; 350,000 liv. pour les droits de courtiers-jaugeurs; 1,540,000 liv. en deux ans, à titre de secours extraordinaire; 65,065 liv. par an, pour les milices gardes-côtes; pour les milices de terre, une imposition dont la quotité devait être fixée par un arrêt du Conseil. Quant aux demandes de crédits, ou petites demandes, elles comprenaient 260,000 liv. pour le service des étapes; 300,000 liv. pour les grands chemins; 15,000 liv. par an pour le duc

2

de Penthièvre, en vertu de son titre d'amiral de France; 78,566 liv. par an, pour augmentation des gages de la maréchaussée; 12,000 liv. pour le traitement des deux députés envoyés par les villes de Nantes et de Saint-Malo au Conseil supérieur du commerce; 35,300 liv. pour les gratifications exigées de la province en faveur des ministres; 22,050 liv. pour les maîtres de poste; 50,000 liv. pour l'entretien des haras; 35,000 liv. pour achever l'hôtel de la Chambre des Comptes. Ces demandes furent renvoyées aux diverses commissions chargées de les examiner.

Le 18 octobre, la commission des impositions fit son rapport au sujet de la demande de capitation. Elle conclut en proposant de solliciter la suppression de cet impôt onéreux et vexatoire. Les États décidèrent que les membres de la commission iraient présenter leur requête aux commissaires du gouvernement. Le marquis d'Aubeterre les reçut avec sa bienveillance accoutumée. Il leur répondit que le Roi était pénétré du plus vif désir de diminuer les charges qui pesaient sur ses sujets, mais que les besoins de l'État ne permettaient pas de supprimer la capitation. L'Assemblée, après avoir entendu le rapport de ses députés, décida qu'ils retourneraient aussitôt pour renouveler leur demande avec plus d'insistance. C'étaient là des démarches qui revenaient à chaque session. En général, après avoir envoyé deux fois la même commission, les États l'envoyaient une troisième fois, les présidents en tête. C'est alors seulement qu'ils se décidaient à voter la capitation. Les commissaires du gouvernement étaient habitués à ces instances répétées, qu'ils accueillaient toujours avec la même solennité et la même patience. Cette fois, la troisième députation n'eut pas lieu. Quand les commissaires des États reparurent devant lui, le maréchal d'Aubeterre, après leur avoir répété que la situation du budget ne permettait pas de supprimer la capitation, ajouta que, pour consoler l'Assemblée, il lui ferait connaître immédiatement les faveurs accordées par le Roi à la province. Elles comprennent une remise annuelle de 100,000 liv. sur la part destinée au Trésor dans la capitation; cette remise servira à dégrever les pauvres contribuables aux fouages. Sur le produit des vingtièmes, le Roi abandonne 600,000 liv. par an pour amortir les dettes de la province; il consacrera 600,000 liv. au même objet sur le montant du secours extraordinaire. Enfin, voulant réorganiser les milices gardes-côtes, il dispense la province de cette imposition pour les années 1777 et 1778. C'est une somme totale de 2,130,000 liv. en deux ans que le Roi sacrifie aux intérêts de la Bretagne, indépendamment du bénéfice considérable que la province retirera de l'amortissement. Les concessions du Roi lui seront acquises aussitôt que les États auront voté toutes les demandes.

La réponse du marquis d'Aubeterre excita l'enthousiasme de l'Assemblée. Les trois Ordres remercièrent les députés en Cour, particulièrement l'évêque de Rennes et le marquis de Sérent, d'avoir fait valoir leur cause auprès du Conseil. Ils chargèrent les présidents d'aller en leur nom remercier l'intendant. Eux-mêmes, après la séance, allèrent en corps témoigner leur reconnaissance au maréchal d'Aubeterre. Le vieux soldat fut profondément touché de cette manifestation. Le lendemain, il se rendit seul à l'Assemblée pour exprimer aux trois Ordres « toute la sensibilité que lui causa la démarche que les États firent hier en lui faisant l'honneur de venir en corps lui marquer leur reconnaissance des grâces et des soulagements qu'il leur a annoncés de la part de Sa Majesté. »

Après les concessions qui leur étaient promises, les États ne pouvaient plus chicaner le vote de la capitation. Conformément aux conclusions formulées dans un second rapport, lu le 21 octobre par la commission, les États votèrent le len-

demain une capitation annuelle de 1,800,000 liv. La défiance instinctive que leur inspirait le gouvernement semblait avoir fait place à la reconnaissance et à la sympathie. Les commissaires du gouvernement se croyaient maîtres de l'Assemblée et faisaient les plus grands efforts pour lui plaire. L'heureuse disposition où se trouvaient alors les esprits fit avorter un incident qui dans toute autre circonstance aurait eu des suites graves. Le 18 octobre, la commission des domaines avait lu un rapport dans lequel elle revenait sur la question des domaines et contrôles, question brûlante qui passionnait l'Assemblée. La législation compliquée qui régissait la perception des droits domaniaux avait suscité de tout temps une foule de vexations de la part des fermiers du domaine, une foule de réclamations de la part des contribuables et de protestations de la part des États. En 1759, le gouvernement, ruiné par la guerre de Sept-Ans, vendit aux États les domaines et contrôles pour 40 millions. Les États de Bretagne firent régir ces droits à leur profit pendant douze ans, en s'appliquant à adoucir le sort des contribuables. En 1772, l'abbé Terray leur retira brusquement cette régie. L'État reprit possession du domaine de Bretagne et prit à son compte l'emprunt de 40 millions contracté par la province. Depuis cette époque, les États provinciaux ne cessaient de protester contre la mesure brutale qui les avait surpris. Le 18 octobre, à la suite du rapport de la commission du domaine, ils élurent trois députés, qui reçurent ordre de se rendre immédiatement à la Cour pour réclamer la restitution des domaines. Le soir même, ils reçurent des commissaires du gouvernement défense expresse de partir. Le lendemain, ils rendent compte de cette défense à l'Assemblée. Les États décident que la commission des domaines ira, après la séance, se plaindre de cette défense contraire à leurs droits. Le maréchal d'Aubeterre répond que ses instructions ne lui permettent de laisser partir pour la Cour aucune députation pendant toute la durée de la session. Le 20 octobre, la Commission rend compte de cette réponse à l'Assemblée. Les États décident qu'après la séance la même députation retournera auprès des commissaires du gouvernement « pour leur représenter avec force le droit incontestable que la nation assemblée a, plus que tout particulier, de porter ses réclamations au pied du trône; qu'en conséquence elle priera M. le marquis d'Aubeterre de se faire autoriser par Sa Majesté à retirer ses défenses. » Pour être agréable aux États, le maréchal d'Aubeterre consentit à écrire en Cour pour demander l'autorisation de retirer sa défense.

L'affaire des domaines fut ainsi écartée, au moins pour cette session. Les États étaient encore trop bien disposés pour insister. Le 23 octobre, ils entendirent le rapport de la commission des impositions sur les vingtièmes et les 2 sous pour livre du dixième. Avant de voter ces impôts, l'Assemblée crut se devoir à elle-même et à la province de marchander son consentement. Elle envoya la commission demander aux commissaires du gouvernement que les vingtièmes fussent réduits à 1,200,000 liv., les 2 sous pour livre du dixième à 240,000 liv. Le maréchal d'Aubeterre répondit aux députés des États que Sa Majesté leur faisait d'assez fortes concessions en leur abandonnant 600,000 liv. par an pour l'amortissement de leurs dettes, et qu'il ne pouvait leur accorder aucune réduction. Les États accordèrent deux vingtièmes, à raison de 1,330,000 liv. par an, et les 2 sous pour livre du dixième, à raison de 266,000 liv. Ainsi que la capitation et le casernement, c'étaient là des impositions abonnées, réparties par la commission intermédiaire et perçues par ses agents.

Le 24 octobre, la commission des impositions lut son rapport sur la demande du secours extraordinaire. C'était là un terme particulier à la Bretagne, bien que l'impôt existât dans tout le royaume. Le gouvernement, depuis plusieurs années, avait établi une surtaxe de 2 sous pour livre, portée ensuite à 4 sous, sur tous les revenus indirects et les octrois. En Bretagne, la partie la plus importante des impôts indirects, l'impôt sur les boissons, appartenait aux États, qui l'avaient acheté à la Couronne. Quand le gouvernement prétendit lever à son profit une surtaxe sur cet impôt, dit des grands et petits devoirs, la résistance des États fut si vive qu'il fallut composer avec eux. Il fut convenu qu'ils percevraient eux-mêmes les surtaxes, non-seulement sur les devoirs, mais aussi sur le billot, ou impôt sur les boissons vendues au détail, et sur les octrois. Sur le produit de ces surtaxes, ils prenaient une somme qu'ils versaient, sous le nom de secours extraordinaire, dans le trésor royal. La demande de secours extraordinaire revenait à chaque session, mais à chaque session elle soulevait des orages.

Dans son rapport, la commission des impositions fit ressortir le danger de ces surtaxes, qui, en augmentant le prix des boissons, entravaient la consommation, faisaient baisser le produit des devoirs et menaçaient la propriété des États. Elle insista sur la progression effrayante du secours extraordinaire. En 1762, époque où fut demandée cette imposition, le gouvernement se contentait de 460,000 liv. Depuis, à chaque session, il a fallu augmenter ce chiffre. Depuis 1772, il s'élève à 1,540,000 liv. La commission concluait en proposant de rejeter cette demande. Les États chargèrent la commission des impositions de se rendre auprès des commissaires du gouvernement, pour les prier de retirer la demande de secours extraordinaire. Le maréchal d'Aubeterre répondit aux réclamations des États qu'ils avaient tort de se plaindre. L'abonnement des surtaxes qui forment le secours extraordinaire est avantageux pour leur Trésor. La régie des 4 sous pour livre sur les devoirs et le billot suffit pour couvrir leur abonnement. La surtaxe sur les droits de courtiers-jaugeurs constitue pour eux un bénéfice net. Dans le reste du royaume, les surtaxes sont de 8 sous pour livre : en Bretagne, le Roi se contente de 4 sous pour livre. Dans de telles conditions, il faut remercier Sa Majesté de vouloir bien accorder à la province une remise de 600,000 liv. sur cette imposition.

Il était difficile aux États d'attendre une autre réponse. Il ne leur restait plus qu'à voter le secours extraordinaire. Mais l'état des esprits commençait à changer, surtout dans la Noblesse. Les trois Ordres se retirèrent aux chambres pour délibérer. Ils se séparèrent sans avoir énoncé leur avis. Le samedi 25 octobre, la discussion fut reprise. Le Tiers-État communiqua son avis aux autres Ordres. Il proposa d'accorder le secours. L'Église fut d'avis d'accorder le secours, mais en priant Sa Majesté de consentir à ce que, sur les 600,000 liv. qu'elle abandonnait à la province, 200,000 fussent employées à dégrever la capitation des pauvres contribuables aux fouages. L'avis de la Noblesse fut de ne prendre aucune délibération relativement au secours extraordinaire et d'envoyer au Roi un Mémoire contenant les raisons qui autorisent l'Assemblée à demander, après quatorze ans de paix, la suppression d'un impôt qui n'a déjà que trop duré. Les avis des trois Ordres furent énoncés sur le théâtre. Comme ils différaient entre eux, ils ne constituaient aucune délibération. L'évêque de Rennes proposa d'envoyer une nouvelle députation pour demander aux commissaires du gouvernement l'abandon du secours extraordinaire. L'Église et le Tiers se hâtèrent d'accepter cette proposition, pour donner à la Noblesse le temps de réfléchir. Si elle y avait adhéré, elle aurait eu ensuite à délibérer sur la réponse des commissaires. Mais elle refusa de revenir sur sa décision. La séance du 25 octobre se termina ainsi sans que l'Assemblée eût rien résolu.

Le lundi 28 octobre, la discussion fut reprise sur le théâtre. Il y eut entre les trois Ordres un échange de réflexions sur le secours extraordinaire en lui-même et sur les réponses du maréchal d'Aubeterre. Les membres les plus exaltés de la Noblesse regrettaient de s'être trop avancés. Ils comprenaient la nécessité d'accorder le secours, pour ne pas priver la province des remises annoncées par le gouvernement. L'Église et le Tiers-État, de leur côté, cherchaient à les ramener à leur avis. Les trois Ordres finirent par adopter la proposition faite le 26 par l'évêque de Rennes. Les États renvoyèrent la commission des impositions auprès des commissaires du gouvernement. Elle devait les prier ou de retirer la demande du secours, ou d'écrire au Roi pour obtenir l'autorisation de retirer la demande. Elle fut en outre chargée de s'informer auprès d'eux du sort de leur proposition au sujet de l'affaire des tables. Les États tenaient à savoir si le Roi consentait à consacrer au soulagement de la province le bénéfice résultant de la suppression de cette dépense. L'évêque de Nantes, président de la députation, adressa aux commissaires du gouvernement un discours long et déclamatoire, dans le goût du temps. Les États doivent à la province de réclamer la suppression d'un impôt qui se développe dans des proportions effrayantes et qui attaque les devoirs, cette propriété sacrée. Quant aux remises qu'on leur promet, « peuvent-ils se dissimuler qu'elles ne tournent presque en rien au soulagement des malheureux contribuables dont ils défendent la cause? Peuvent-ils se cacher que ces malheureux, accablés depuis longtemps sous le poids excessif d'impositions de toute espèce, n'avoient, pour soulager leur misère, que la seule espérance de voir décroître ce pesant fardeau dans notre présente tenue, espérance qui leur seroit ravie et dont la privation seroit bien propre à les jeter dans le désespoir, si l'on ne venoit à leur secours? » Il est dangereux de maintenir une imposition qui menace la propriété des États, « propriété qui n'a pu être entamée que dans des temps malheureux dont tout invite à rejeter le souvenir. Mais ne seroit-ce pas le perpétuer d'une manière funeste à cette province que d'y laisser subsister une imposition qui ne doit sa naissance qu'à des opérations de finance destructives des droits les plus sacrés de la propriété et sûrement désavouées par le cœur d'un monarque qui ne veut régner que par les lois de la modération, de l'équité et de la justice? » Au discours de l'évêque de Nantes, le marquis d'Aubeterre répondit par une note écrite établissant que les remises accordées par le Roi à la province étaient énormes, qu'elles devaient servir à rembourser des emprunts et à combler le déficit. C'était là le meilleur moyen d'adoucir le sort des contribuables. Si le Roi réduisait le taux des impositions au lieu de hâter l'amortissement des emprunts, il ne procurerait à la Bretagne qu'un soulagement passager, qui laisserait ses finances aussi embarrassées qu'auparavant.

Les États allèrent délibérer aux chambres sur cette réponse. Ils revinrent sur le théâtre à cinq heures du soir. Ils consentaient au secours extraordinaire et chargeaient les présidents de solliciter une nouvelle réduction de 200,000 liv. sur la capitation des pauvres contribuables aux fouages.

A la suite de cette discussion, l'Assemblée conserva pendant quelques jours une attitude paisible et laborieuse dont elle semblait avoir perdu l'habitude. Elle entendit d'abord le rapport de la Commission intermédiaire, qui occupa plusieurs séances. Il fallut ensuite délibérer sur ce rapport. Ces sortes de délibérations figuraient parmi les plus importantes de l'Assemblée. Les États rendaient à cette occasion une foule de règlements pour l'administration intérieure de la province. La séance du 2 novembre fut marquée par un incident original. Un membre de la Noblesse fit observer qu'un corps de troupes avait traversé la ville de Rennes la veille, jour de la Toussaint. Il n'y avait pas eu d'atteinte directe aux privilèges de l'Assemblée, puisqu'elle ne siégeait pas ce jour-là. Le précédent n'en était pas moins dangereux : l'orateur proposa donc d'adresser des remontrances aux commissaires du gouvernement. M. de la Bourdonnais, l'un des procureurs généraux, prit aussitôt la parole et dit qu'il avait pris les devants. Le maréchal d'Aubeterre l'a chargé d'avertir l'Assemblée qu'il ignorait l'usage de ne pas laisser passer de troupes dans les lieux où siègent les États. Quand il a reçu connaissance de leur privilège, il était trop tard pour changer l'itinéraire du régiment de Cambrésis. Ce régiment arrive de Landau pour se rendre à Belle-Isle. Il est fatigué d'une longue marche; il était impossible de lui imposer une nouvelle étape sans lui accorder quelques heures de repos; il n'a d'ailleurs passé qu'une nuit à Rennes, il a quitté cette ville pour faire halte à Ploërmel.

Ces explications calmèrent la susceptibilité de l'Assemblée, qui glissa même plus vite qu'on ne s'y attendait sur la question du droit sur les cuirs. Ce droit avait été établi en 1759 dans tout le royaume et étendu à la Bretagne. Depuis cette époque, il provoquait à chaque session, de la part des États, des réclamations trop légitimes. D'abord, il avait en partie ruiné les fabriques de cuir. Les unes avaient succombé rapidement; celles qui résistaient encore ne faisaient plus que végéter. « Le nombre des manufactures, écrivait l'intendant, est réduit, dans toutes les villes de la province, à près de moitié; celles qui subsistent aujourd'hui sont dans un état de langueur qui fait craindre que l'on ne soit bientôt privé presque totalement de cette branche d'industrie. » En second lieu, cet impôt soulevait une question de droit public fort épineuse, fort délicate. Le gouvernement professait, depuis Colbert, une théorie que repoussaient formellement les États :

c'est que les ordonnances générales pour tout le royaume s'appliquaient aussi à la Bretagne, sans avoir besoin de l'approbation des États provinciaux, et que les taxes sur l'industrie dépendaient du domaine de la Couronne, qui pouvait, sans contrôle, les établir. Les États protestaient avec raison contre ces deux principes, qui auraient eu pour résultat de détruire leur autorité législative. Avec la question des cuirs, le rapport de la commission intermédiaire en souleva une autre tout aussi grave. Le gouvernement levait une taxe de 100,000 fr. par an pour l'entretien des garnisons. Les États n'avaient jamais voté cette taxe, dont la perception était évidemment contraire à leurs droits. Les commissaires du gouvernement s'attendaient à d'ardentes réclamations sur ces deux points. Mais l'Assemblée était dans une période d'apaisement. Elle se contenta de faire remettre au maréchal d'Aubeterre deux Mémoires pour réclamer la suppression des deux impôts. Le maréchal fut prié de les expédier en Cour, en les appuyant de ses bons offices. Les États chargèrent leurs députés en Cour de soutenir leurs réclamations, qui formèrent des articles spéciaux insérés dans le Cahier des remontrances et dans le Cahier des contraventions.

Le 4 novembre, l'Assemblée vota l'imposition de 550,000 l. par an qu'on lui demandait pour le casernement et le fourrage des troupes. Elle avait ainsi presque entièrement réglé la part de l'État dans le budget de la province. Ses travaux marchaient rapidement, quand survint entre les Ordres une aigre contestation qui suspendit complètement les délibérations. Le Tiers-État se plaignait depuis longtemps de supporter, dans la répartition générale de la capitation, une part hors de proportion avec ses revenus, tandis que la Noblesse ne payait qu'une taxe dérisoire. En 1772, à l'instigation de l'abbé Terray, M. de Tréverret avait proposé une nouvelle répartition de cet impôt. Sa demande fut rejetée. Elle ne reparut pas en 1774, mais elle fut reprise en 1776. Après l'avoir formulée pendant qu'on discutait la demande de la capitation, le Tiers-État la laissa ajourner, par respect pour le Roi. Ses membres ne voulaient pas qu'on pût les accuser de retarder le vote d'une imposition si importante pour le Trésor. Ils revinrent à la charge le 6 novembre. D'après le règlement des États, la proposition ne pouvait être prise en considération que du consentement des trois Ordres. Les deux Ordres privilégiés refusèrent de délibérer. L'Église donna pour raison de son refus « qu'elle n'étoit pas assez instruite des motifs et des moyens de la proposition du Tiers. » La Noblesse consentait à écouter les réclamations du Tiers, mais sans rien laisser porter sur le registre. A l'Église, le Tiers-État répond que les motifs de sa proposition sont dans la proposition même, « puisqu'il y est dit que c'est pour procéder à une nouvelle répartition de la capitation ; qu'il n'est pas nécessaire d'en dire davantage pour déterminer les États à délibérer ; qu'à l'égard des moyens, il est inutile de les développer et de les faire connoître avant qu'on soit convenu d'en délibérer, parce qu'alors il seroit question de juger si la proposition est au fond bien ou mal fondée. » A la Noblesse, le Tiers-État répond que « si les réclamations du Tiers sont écoutées sans qu'il soit rien porté sur le registre, la Noblesse, juge et partie dans cette affaire, pourra rejeter la demande du Tiers, parce que rien ne constatera qu'elle ait été faite ; parce que, quand cet Ordre requerra, après la discussion, que la décision qui interviendra soit inscrite, la Noblesse objectera avec raison que, la proposition n'ayant point été convenue ni inscrite conformément au règlement, la décision ne doit pas l'être. » Cette discussion remplit les séances du 6 et du 7. Le président du Tiers, M. de Tréverret, exige que la proposition de son Ordre soit portée sur le registre. Pour vaincre la résistance des Ordres privilégiés, il refuse de signer le procès-verbal des séances. Le 8 au matin, à l'ouverture de la séance, l'évêque de Rennes et le comte de Kératry l'invitent à signer à leur suite le registre aux séances du 6 et du 7 novembre; il persiste dans son refus et déclare nettement qu'il ne signera pas, tant que sa proposition n'aura pas été inscrite à la date du 6 novembre. Le maréchal d'Aubeterre mande alors un des procureurs généraux, pour s'informer de l'état de l'Assemblée. Le procureur général se rend auprès du maréchal et revient bientôt, en annonçant la prochaine entrée des commissaires du gouvernement, pour terminer la contestation. Les commissaires arrivent presque aussitôt, escortés de leurs gardes; les dix-huit les reçoivent à l'entrée de la salle et les accompagnent jusqu'à leur place, sur l'estrade. Le maréchal d'Aubeterre interroge successivement les trois présidents au sujet du différend qui paralyse l'Assemblée. Il écoute avec patience les explications que lui donnent les orateurs les plus autorisés des trois Ordres. « Monsieur le président du Tiers, dit-il ensuite, la proposition de votre Ordre n'ayant pas été mise en délibération, elle ne doit pas être inscrite sur le registre. Nous vous ordonnons, de la part du Roi, de signer le registre et de continuer à vous occuper des affaires du Roi et de la province. Je ne saurais trop vous exhorter, Messieurs, à conserver l'union si désirable entre les Ordres et à ne pas laisser sortir du sein de l'Assemblée des discussions qui doivent être terminées entre vous. Messieurs du Tiers, vous ne devez nullement douter que Messieurs de la Noblesse ne remplissent dans toute leur étendue les engagements qu'ils ont pris avec vous, et si, ce qu'on ne doit pas même soupçonner, Messieurs de la Noblesse ne se portent pas à vous rendre justice sur votre proposition, vous me trouverez toujours disposé à vous la faire rendre. »

Les commissaires du gouvernement se retirent, après avoir fait signer le registre. Le 9, la discussion recommence, après la lecture du procès-verbal de la veille. Les membres du Tiers et M. de Tréverret se récrient contre les réticences calculées du procès-verbal. Ils remarquent qu'on a soigneusement évité d'indiquer l'objet du différend; que, contrairement aux usages, on n'a pas dit un mot des discours prononcés par les trois présidents, parce que ces discours faisaient connaître l'état de la question. Ils demandent qu'on insère au moins l'analyse du discours prononcé par M. de Tréverret. Après trois heures de discussion, le Tiers-État accepte le procès-verbal, sur la promesse solennelle que lui font les Ordres privilégiés d'écouter ses réclamations et de se prêter à un arrangement amiable. En effet, le 11, le Tiers développe sa proposition et entreprend de démontrer que la capitation est répartie avec une inégalité choquante. La Noblesse, malgré les revenus considérables et les vastes propriétés d'une partie de ses membres, ne paie que 100,000 liv.; la plus grosse part de la capitation pèse sur le Tiers-État, et cette part n'est nullement proportionnée à ses ressources. La Noblesse objecte que la répartition a été faite en 1740, après un long et sérieux examen des ressources des deux Ordres. Cette discussion remplit les séances du 11 et du 12. L'évêque de Rennes propose aux deux Ordres de prendre l'Église pour arbitre et de lui remettre des Mémoires à l'appui de leurs assertions, pour la mettre en état de décider. La Noblesse accepte la médiation de l'Église, mais refuse de donner aucun Mémoire. Elle n'admet qu'une discussion verbale; elle s'appuie sur le règlement de 1740 et craint, en se prêtant à fournir des pièces justificatives, de paraître abandonner ce règlement. La discussion, interrompue pendant plusieurs jours, est reprise le 23 novembre. Pendant plus de trois heures, les deux Ordres font valoir leurs arguments. Le Tiers-État montre que la répartition du vingtième, moins inégale que celle de la capitation, prouve combien ses réclamations sont fondées. La Noblesse répond que le total de sa capitation n'a été réduit en 1740 que parce qu'elle a consenti à abandonner au Tiers-État un grand nombre de cotes qu'elle aurait pu garder. Il est possible que la capitation soit mal répartie dans l'Ordre du Tiers, que ce vice de répartition rende cette taxe écrasante pour une partie des contribuables. Mais c'est un vice dont la Noblesse ne peut être responsable. En réalité, elle paie ce qu'elle doit payer. L'Église, pour terminer le différend et réconcilier les deux Ordres, propose à la Noblesse de prendre à son compte 20 ou 25,000 liv. sur la capitation du Tiers-État et de les ajouter à sa part ordinaire. La Noblesse refuse ce compromis. L'Église se retire dans sa chambre, pour rendre sa sentence arbitrale. Elle revient bientôt avec un avis dans lequel, après avoir résumé les débats, elle déclare qu'elle n'est pas assez complètement éclairée pour trancher la question. Elle propose de charger la commission intermédiaire de recueillir tous les documents nécessaires, pour lui permettre de juger en toute connaissance de cause. La Noblesse, après avoir délibéré, déclare que, sans accepter les considérants de l'Église et en réservant tous ses moyens de défense, elle accepte par esprit de conciliation. Quant au Tiers-État, convaincu qu'il a justifié ses assertions et fourni à l'Église tous les documents dont cet Ordre pouvait avoir besoin, il proteste contre la décision rendue, contre le renvoi à la commission intermédiaire et réserve tous les moyens qu'il pourra faire valoir. L'accord de l'Église et de la Noblesse constituait néanmoins une délibération. La commission intermédiaire se trouvait chargée de recueillir les documents nécessaires pour la décision de l'Église. La question était ajournée à la session de 1778.

Tout en discutant les réclamations du Tiers-État au sujet de la capitation, l'Assemblée avait continué l'étude du budget. Le 13 novembre, elle vota les fouages ordinaires et extraordinaires, les gratifications de la Cour, de la maréchaussée, l'indemnité des deux députés du commerce, en demandant que ces députés fussent réellement élus par les négociants de Nantes et de Saint-Malo, dont ils devaient défendre les intérêts. Les États acceptèrent même sans trop de difficulté l'abonnement des droits des courtiers-jaugeurs, inspecteurs aux boissons et aux boucheries, à raison de 350,000 liv. par an. Cet impôt rappelait un des expédients les plus déplorables de l'ancienne monarchie. Depuis le XVIe siècle, la royauté, dans les moments de détresse, battait monnaie en créant des offices aux dépens du commerce et de l'industrie. On avait institué des inspecteurs pour toutes les branches de l'industrie. Ces inspecteurs, après avoir payé leur office, percevaient une taxe sur tous les produits du travail. L'institution des courtiers-jaugeurs, inspecteurs aux boissons, datait du règne d'Henri III. Sur les plaintes des marchands de vin, les États de Bretagne avaient remboursé les acquéreurs de ces offices et obtenu, à prix d'argent, un édit qui abolissait cette fonction dans la province. Les offices de courtiers-jaugeurs, auxquels on ajouta ceux d'inspecteurs aux boucheries, furent rétablis au XVIIe siècle et rachetés de nouveau par les États. Le gouvernement trouva la spéculation lucrative : il força toutes les provinces du royaume de racheter les offices d'inspecteurs aux boissons et aux boucheries, mais il perçut à son profit les droits de courtage, de jaugeage et d'inspection. Pour dédommager les États de Bretagne, il leur accorda, à titre d'indemnité, 25,000 fr. par an, pour ce qu'ils avaient payé du temps d'Henri III. Les États protestaient à chaque session contre les exigences du gouvernement ; en 1776, ils renouvelèrent leurs protestations et chargèrent leurs députés en Cour de présenter au Roi leurs réclamations.

La demande de l'impôt des milices suscita plus de difficultés. L'institution des milices provinciales était excellente : elle assurait le recrutement de l'armée, elle fournissait aux troupes régulières des contingents excellents et déjà exercés. Cependant elle avait excité la défiance des États de Bretagne, systématiquement hostiles à toutes les innovations, surtout quand elles venaient de l'initiative du gouvernement. Ce qui les blessait surtout, c'est que les sommes qu'on leur demandait pour cet objet n'étaient jamais déterminées. Elles n'étaient fixées qu'après les sessions, par un arrêt du Conseil. En cas de guerre, elles atteignaient aussitôt un chiffre élevé. Les États se plaignaient non-seulement des abus du tirage, mais du recrutement même, qui enlevait des bras à l'agriculture. Une ordonnance ayant aboli les régiments provinciaux pour réorganiser les milices, l'Assemblée affecta l'étonnement au sujet de la demande qui lui était adressée. Elle feignit de croire qu'en supprimant les anciens régiments provinciaux, le gouvernement avait du même coup supprimé les milices. Le 11 novembre, à la suite du rapport de la commission des impositions, les États décidèrent que les membres de cette commission iraient inviter les commissaires du gouvernement à retirer la demande de fonds qu'ils avaient présentée, attendu que cette demande n'avait plus d'objet, puisque les milices étaient abolies. Le maréchal d'Aubeterre répondit à la commission que les États avaient mal compris les intentions du Roi ; que l'ordonnance du 15 décembre 1775 n'avait pas pour but de supprimer les milices, mais de les réorganiser sur un plan plus large et moins coûteux, d'arriver à réunir sous les drapeaux un plus grand nombre d'hommes sans dépenser plus que par le passé ; que les sacrifices exigés des provinces resteraient donc les mêmes.

Le 13 novembre, les trois Ordres allèrent aux chambres pour délibérer sur cette réponse. Ils renvoyèrent la commission demander aux commissaires du gouvernement quel serait le chiffre de l'imposition des milices pour les années 1777 et 1778. Le maréchal répondit qu'un arrêt du Conseil fixait la dépense à 200,000 fr. pour l'année 1777, et qu'il avait tout lieu de croire que ce chiffre ne serait pas dépassé en 1778. Les États ne votèrent que le lendemain. Le Tiers-État, « considérant que cette imposition, qui porte uniquement sur la partie la plus nécessiteuse et la plus surchargée de la province, ne devroit plus avoir lieu, d'après l'ordonnance qui supprime les régiments provinciaux; considérant encore qu'après quatorze ans de paix les dettes de l'État, occasionnées par la dernière guerre, doivent actuellement être acquittées, » proposa cependant d'accorder la somme demandée, à condition qu'elle ne dépasserait pas 200,000 liv. par an, et en chargeant les députés en Cour de solliciter l'abolition d'une taxe devenue sans objet. La Noblesse, « attendu que la milice n'existe plus, » s'excusa de consentir la demande. L'avis de la Noblesse excita l'étonnement des deux autres Ordres. Ils ne comprenaient pas ce refus, après que l'Assemblée avait voté des demandes beaucoup plus importantes. Ils craignaient surtout de perdre, par une résistance que rien ne justifiait, le bénéfice des remises que le gouvernement promettait à la province. L'Église modifia son avis, pour laisser à la Noblesse le temps de revenir à la raison. Elle proposa d'accorder les sommes nécessaires pour les dépenses effectives de la milice. En somme, les trois avis étaient différents et ne pouvaient constituer une délibération. L'Église et le Tiers laissèrent à dessein la question indécise, dans l'espoir que la Noblesse modifierait sa décision. Ils retardèrent même pendant deux jours l'enregistrement des avis. Le 16 seulement, ils furent inscrits sur le registre. L'Église se réservait de ramener la question, d'entraîner la Noblesse ou d'adhérer à l'avis du Tiers-État, de manière à former une délibération régulière.

Le 16 novembre survint une question qui intéressait à la fois le commerce de la province et les droits constitutionnels de l'Assemblée. La commission du commerce lut un rapport au sujet d'une requête des amidonniers de Rennes contre une taxe de 2 sous par livre établie sur l'amidon sans le consentement des États. Le député de Quintin ajouta « que ce droit avoit été étendu à l'empois dont on se sert pour donner l'apprêt aux toiles de Bretagne, et que cette extension, ayant augmenté considérablement le prix de l'empois, avoit fait tomber la plupart des fabriques. » Le droit sur l'empois et l'amidon avait été établi en vertu du même principe que l'impôt sur les cuirs. Le gouvernement l'avait introduit en Bretagne, sans consulter les États, sous prétexte qu'il était appliqué dans tout le royaume, et que les taxes sur l'industrie constituaient des droits domaniaux. Les États chargèrent la commission du commerce de rédiger un Mémoire sur cet impôt à la fois onéreux et illégal. Ils décidèrent que le Mémoire serait remis aux commissaires du gouvernement, avec prière de l'expédier en Cour en l'appuyant de leurs bons offices.

Le 18 novembre, l'Assemblée vota sans résistance un fonds de 50,000 liv. demandé au nom du Roi pour l'entretien des haras. Elle y ajouta même un crédit de 20,000 liv. pour achat d'étalons. Elle encourageait toujours le développement des haras, parce qu'ils étaient administrés, sous la direction de la commission intermédiaire, par des gentilshommes qu'elle élisait elle-même. Les États accueillirent moins bien la demande d'un crédit de 30,000 fr. par an pour les dépôts de mendiants, et celle d'un crédit de 150,000 fr. pour les grands chemins. La question des dépôts de mendiants fut agitée une première fois le 18 novembre, à la suite du rapport de la commission des finances. Les États chargèrent la commission d'aller solliciter le retrait de la demande du Roi. Le maréchal d'Aubeterre répondit que le Roi avait fait un nouveau plan pour renvoyer les vagabonds au lieu de leur naissance. Pour réaliser ce plan, il est nécessaire d'établir des dépôts provisoires, d'où les mendiants seront ensuite expédiés dans leurs paroisses. « Les désordres qui ont résulté dans quelques provinces de l'ouverture des dépôts de mendiants et de vagabonds ont trop fait sentir la nécessité de pourvoir à leur entretien pour que Sa Majesté veuille abandonner un objet qui intéresse autant la sûreté publique. L'intention de Sa Majesté est que sa demande soit consentie, il n'est pas en notre pouvoir de la retirer. » Si les États veulent, comme en Languedoc, pourvoir eux-mêmes à l'entretien des mendiants et des vagabonds, Sa Majesté y consent à condition : 1° qu'ils verseront 10,000 fr. par an au Trésor pour frais de capture des mendiants et des vagabonds, frais de conduite au dépôt, frais de garde et de geôlage, qui resteront à la charge de Sa Majesté; 2° ils feront un autre fonds de 40,000 fr. pour la nourriture et l'entretien des individus internés dans les dépôts, le loyer, l'ameublement et la réparation des bâtiments. Cette réponse fut renvoyée à la commission des finances, qui fit un nouveau rapport le 22 novembre. Les États délibèrent sur la demande du Roi. Le Tiers-État proposa d'accorder les 50,000 fr. par an demandés pour l'entretien des dépôts. La Noblesse refusa nettement de rien accorder. L'Église fit ce qu'elle avait déjà fait à propos des milices. Elle proposa d'accepter l'administration des dépôts. Grâce à la diversité d'avis des trois Ordres, la question restait en suspens, ce qui laissait à la Noblesse le temps de revenir sur son vote.

L'opposition systématique des membres de la Noblesse avait un but. Le sieur Dorote, ingénieur des ponts-et-chaussées au département de Dol, avait, par sa hauteur et sa rudesse, irrité plusieurs gentilshommes influents. La Noblesse entière avait épousé la querelle de quelques-uns de ses membres. Elle accusait Dorote de prévarication et réclamait sa disgrâce. L'intendant résistait à cette exigence; il refusait de révoquer un serviteur consciencieux, un fonctionnaire intelligent, dont le seul tort était d'avoir trop brusquement repoussé d'indiscrètes recommandations. La Noblesse se passionnait dans cette affaire; elle voulait imposer ses lois à l'administration. Les deux autres Ordres étaient obligés d'user des plus grands ménagements, pour maintenir la concorde et empêcher une scission analogue à celle qui s'était produite aux États de 1766. La Noblesse avait d'ailleurs, dans toute assemblée des États de Bretagne, une influence prépondérante, qui tenait à plusieurs causes. Elle avait conservé toute son indépendance; par son opposition quelquefois tracassière, elle garantissait l'indépendance des autres Ordres, qui respectaient ses inspirations sans les suivre. Par ses traditions, ses lumières, elle formait réellement l'élite de la société bretonne. Elle avait conscience de sa supériorité, qu'elle faisait quelquefois trop vivement sentir au reste de l'Assemblée. Elle était, dans la circonstance qui nous occupe, décidée à faire capituler le gouvernement. Après avoir fait ajourner la question des milices et celle des mendiants, elle écartait celle des grands chemins. Il fallut céder à ses exigences. L'ingénieur Dorote fut éloigné de Bretagne et envoyé dans une autre province. Quelques gentilshommes exaltés demandaient sa révocation : la majorité de leur Ordre trouva la satisfaction suffisante. Le 30 novembre, les États votèrent la demande de 150,000 fr. par an pour les grands chemins.

Il leur restait à préparer l'adjudication de leurs fermes. A chaque session, la commission des baux révisait le bail des devoirs et proposait quelquefois des changements. Elle avait deux sortes d'intérêts à ménager : celui du budget provincial et celui des consommateurs. Dans l'intérêt du budget provincial, il fallait tirer le plus possible du bail des devoirs, c'est-à-dire de l'impôt des boissons. Mais il fallait aussi tenir compte des réclamations des contribuables et leur épargner les vexations inutiles. La commission des baux proposa diverses modifications qui remplirent les quatorze premières séances du mois de décembre. Elles portaient sur deux articles, dont l'un surveillait ce qu'on appelait la prompte consommation. La consommation trop rapide des boissons pouvait être en effet suspecte. Elle pouvait cacher un débit déguisé. L'art. 64 du bail de 1774 l'entravait et punissait la fraude. La commission fut d'avis d'adoucir la pénalité et de limiter le droit de surveillance du fermier des devoirs. L'article 90 autorisait le fermier à accorder des réductions de tarif aux débitants sur les vins étrangers à la province, pour favoriser la consommation. Les propriétaires de vignobles du comté nantais réclamaient contre cet article, sous prétexte qu'en encourageant la consommation « des vins hors, » on nuisait à celle « des vins du crû. » La commission proposa de modifier cet article, d'établir que le fermier ne pourrait accorder aucune réduction sur les vins hors, sans en accorder une égale sur les vins du crû. Les représentants des compagnies venues pour concourir au bail déclarèrent que, si l'Assemblée modifiait l'art. 64, ils diminueraient leurs offres de 200,000 liv., si elle modifiait l'art. 90, ils se retireraient. La Noblesse voulait passer outre et voter les modifications. Les commissaires du gouvernement déclarèrent officieusement qu'ils ne ratifieraient pas les changements proposés. L'intendant se fit expédier de Versailles deux arrêts du Conseil rédigés d'avance, avec la date en blanc, qui cassaient les délibérations des États, si l'Assemblée se laissait entraîner par la Noblesse. Ils eurent des conférences avec la commission des baux, avec les présidents et les membres influents des trois Ordres. Ils finirent par vaincre l'obstination des gentilshommes : le 14, l'Assemblée maintint l'ancien bail et rejeta les changements proposés. Le 15 eurent lieu les premières enchères. Le 23 décembre, le bail des devoirs fut adjugé au sieur Mazeau pour sept millions, soit 3,500,000 liv. par an.

Il s'agissait de revenir à la question des milices et des dépôts de mendiants. Le 14 décembre, le marquis de Robien, l'un des procureurs généraux, donna lecture d'une lettre du contrôleur général au maréchal d'Aubeterre sur ces deux demandes. Dans cette lettre, le ministre insistait sur la nécessité des deux crédits et reprenait les arguments déjà développés par les commissaires du gouvernement. La discussion ne fut reprise que le lundi 16 décembre. La Noblesse ne semblait nullement disposée à abandonner son premier avis; l'Église, pour lui donner le temps de la réflexion, émit un tardé à délibérer. La Noblesse y gagnait vingt-quatre heures de réflexion, dont elle ne profita que pour s'engager de plus en plus dans ses idées d'opposition. Le lendemain, elle rejeta nettement les deux demandes. L'Église laissa une seconde fois la question en suspens. Le Tiers-État avait accepté les deux demandes. L'Église les accepta, mais en n'accordant qu'un crédit de 150,000 liv. par an pour les milices, et de 30,000 pour les mendiants. Les trois décisions des trois Ordres étaient différentes : elles ne pouvaient constituer une délibération. Il fallait encore une fois revenir sur les deux questions. Le résultat, d'ailleurs, n'était pas douteux. L'Assemblée avait trop d'intérêt à consentir aux demandes pour s'y refuser jusqu'au bout.

L'état des esprits n'en était pas moins changé complètement. L'Assemblée était revenue à cette attitude de défiance et même d'hostilité qu'elle avait manifestée au début de la session. Elle harcelait les commissaires du gouvernement en leur envoyant chaque jour des députations. Elle voulait savoir s'ils avaient reçu les réponses du gouvernement à ses Mémoires sur la question des domaines, sur l'impôt des cuirs, sur l'impôt de l'amidon. Elle réclamait la liberté pour l'exportation des grains. Elle insistait sur cette question. Elle obtint du contrôleur général la libre exportation des grains.

Sur les autres points, elle ne recevait que des promesses vagues, « que le contrôleur n'avoit pas encore réuni les éclaircissements nécessaires pour prendre une décision. » Cette réponse dilatoire ne fit qu'irriter l'impatience des trois Ordres. Ils protestaient avec énergie contre la taxe de 100,000 liv. levée annuellement pour l'entretien des garnisons. Ils chargèrent la commission des contraventions de représenter aux commissaires du gouvernement que cette taxe était illégale. Mécontents de leur réponse, ils ordonnèrent à la commission de rédiger un Mémoire qui devait être remis aux députés en Cour. Ils invitèrent les députés à faire ressortir avec vigueur l'illégalité de cet impôt.

Le gouvernement s'était attribué le droit d'accorder aux villes des octrois sans consulter les États. Les États regardaient ces concessions comme une atteinte à leurs privilèges. Les Assemblées précédentes s'étaient contentées d'indiquer leurs griefs dans leur Cahier de remontrances. L'Assemblée actuelle était moins endurante. Le 16 décembre, elle apprit que la ville du Croisic venait de présenter à l'enregistrement du Parlement des lettres patentes qui lui accordaient une augmentation d'octrois. Les États ordonnèrent aussitôt à leurs procureurs syndics de faire opposition à l'enregistrement. Cet acte d'autorité fit scandale à Versailles. Le 18 décembre, ils poussèrent encore plus loin l'audace. Ils avaient à élire leurs députés en Cour et à la Chambre des Comptes. Depuis près d'un siècle, le gouvernement avait pris l'habitude de désigner d'avance au choix de l'Assemblée les six membres des deux députations. Les Assemblées précédentes avaient docilement obéi aux injonctions de la Cour. Cette fois, les États se révoltèrent contre cet usage, qui paralysait leur indépendance. Ils ne choisirent aucun des candidats du gouvernement.

Satisfaite de ce résultat, la Noblesse consentit à voter, le 20 décembre, les fonds nécessaires pour les milices et les dépôts de mendiants. Le budget se trouva ainsi arrêté pour les deux années 1777 et 1778. Il présentait en recette 24 millions 282,876 liv. 5 s. 10 d. La dépense était égale à la recette.

Les États avaient presque entièrement achevé leur travail. Ils avaient liquidé les comptes du budget de 1774, voté les divers crédits du budget de 1776, fixé les gages de leurs officiers, des agents de la commission intermédiaire, des professeurs attachés aux écoles de chirurgie qu'ils avaient fondées à Rennes et à Nantes, des écoles de dessin fondées par eux à Nantes, Rennes, Lorient et Saint-Malo. Ils avaient assuré le service ordinaire des travaux publics, celui de l'école des gentilshommes pauvres, accordé des gratifications à l'agriculture, au commerce et à l'industrie. Enfin, ils avaient rédigé leur Cahier de contraventions, leur Cahier de remontrances, les instructions de leurs procureurs, celles de leurs députés en Cour. Ils avaient renouvelé la commission intermédiaire. Les passions politiques ne leur avaient pas fait oublier le soin de leurs affaires. Leur dernier travaïl fut la rédaction du contrat, dans lequel, après chaque session, ils faisaient sanctionner de nouveau les droits constitutionnels de la province.

Mais la session ne devait se terminer qu'au milieu de nouveaux orages. Bien que le budget ou état de fonds fût arrêté, la commission des finances ne le soumettait pas à la signature des commissaires du gouvernement. Elle attendait des ordres que l'Assemblée ne lui donnait pas. La commission et l'Assemblée pressentaient que les députés en Cour allaient recevoir défense de partir. Elles tenaient à retarder de quelques jours la clôture de la session. Convaincus du sort qui leur était réservé, les États voulaient du moins protester et faire un dernier acte d'indépendance. Le 26 décembre, M. de la Bourdonnais, un des procureurs généraux, annonce « que M. le marquis d'Aubeterre l'a chargé de déclarer aux États que Sa Majesté ne recevra aucuns autres députés à la Cour et ne permettra pas qu'il en assiste d'autres à la reddition des comptes à Nantes, que ceux qui ont été recommandés par S. A. S. le gouverneur de la province, et que Sa Majesté ne passera dans l'état de fonds, pour aucun des députés, les sommes qu'il est d'usage d'accorder aux députés à la Cour et à la Chambre des Comptes. » En réponse à cette déclaration, les États ordonnent à la commission des contraventions de se rendre auprès des commissaires du Roi, pour les prier de retirer leur déclaration et réclamer la libre application du vote par lequel ils ont élu leurs députés. A la députation des États, les commissaires du gouvernement répondent « que c'est en vertu des ordres les plus positifs qu'ils ont été obligés de faire cette déclaration; qu'ils ne peuvent approuver une élection contraire à la volonté du Roi, ni retirer la déclaration qu'il leur a ordonné de faire aux États. C'est avec regret qu'ils ont été obligés d'exécuter leurs ordres : toute démarche ultérieure sur cet objet deviendroit inutile. »

Le lendemain, la commission des contraventions fait son rapport sur la réponse des commissaires du gouvernement. En même temps, les États apprennent que leurs six députés ont reçu défense expresse de partir pour l'objet de leur députation. Aussitôt les trois Ordres, d'un commun accord, envoient la commission des contraventions prier le maréchal d'Aubeterre de retirer sa déclaration de la veille et la défense qu'il a notifiée aux députés des États. Le maréchal répond qu'il a des ordres précis, dont il ne peut s'écarter. L'Assemblée lui renvoie la même commission, les présidents en tête. Elle reçoit la même réponse. Les États le prient alors d'envoyer en Cour un courrier extraordinaire pour se faire autoriser à retirer sa déclaration et sa défense. Le maréchal répond que le peu de temps qui reste à l'Assemblée ne permet pas d'envoyer un courrier; si les États consentent à rédiger un Mémoire sur la question, il se chargera de le présenter au Roi. Presque aussitôt, il mande un des procureurs généraux. Les États lui adressent M. de la Bourdonnais. Le maréchal lui ordonne de notifier à l'Assemblée que si, dans une demi-heure ou trois quarts d'heure au plus, la commission des finances ne lui apporte pas l'état de fonds à signer, il se verra, à son grand regret, forcé d'entrer aux États. Les États, sans prendre aucun engagement, ordonnent à M. de la Bourdonnais de retourner auprès du marquis d'Aubeterre et de le prier de ne pas entrer dans leur Assemblée. Pendant que M. de la Bourdonnais parlemente avec les commissaires du gouvernement, les États protestent contre la déclaration du 26 décembre, contre la défense signifiée à leurs députés, comme étant ladite déclaration et ladite défense contraires aux franchises de la province. Ils chargent la commission des contraventions de rédiger un Mémoire qui prouve leur droit d'élire librement leurs députés. Ils décident que ce Mémoire sera présenté au Conseil d'État par trois membres pourvus de leur procuration. Ils défendent aux députés qu'ils ont élus et à leurs procureurs généraux de se rendre soit à la Cour, soit à la Chambre des Comptes.

Bientôt M. de la Bourdonnais revient sur le théâtre. Les commissaires du gouvernement, après l'avoir entendu, lui ont annoncé que, puisqu'il n'avait rien de plus à leur dire, ils ne pouvaient se dispenser d'entrer dans l'Assemblée. La Noblesse propose d'ordonner aux présidents de signifier aux commissaires du gouvernement que, l'état de fonds contenant plusieurs articles sur lesquels les États n'ont pas délibéré, la signature forcée qui en sera faite sera nécessairement nulle. De leur côté, les membres de la commission des finances demandent ce qu'ils ont à faire, si le but des commissaires du gouvernement est de faire signer d'autorité l'état de fonds. Les Ordres délibèrent sur ces deux questions. La Noblesse prescrit à son président et à ses commissaires de constater par écrit, sur la minute de l'état de fonds, qu'ils signent par ordre du Roi. Le Tiers-État délibère encore, lorsque les commissaires entrent dans la salle. Ils sont aussitôt reçus par la commission des dix-huit, qui les escorte gravement jusqu'à leur estrade. Le maréchal d'Aubeterre prend la parole et exprime son étonnement des lenteurs que met la commission à lui présenter l'état de fonds, qui lui avait été annoncé pour le mercredi 25 décembre. « Les États ne peuvent s'en prendre qu'à eux-mêmes, s'ils nous mettent dans la nécessité d'user de l'autorité que le Roi nous a confiée et qu'il est de notre devoir de maintenir. En conséquence, nous ordonnons, de la part de Sa Majesté, à messieurs les commissaires de la commission des finances de ne pas différer davantage l'exécution de la délibération des États du 24 de ce mois, et de signer l'état de fonds que nous signerons ensuite. »

Plusieurs membres de la Noblesse veulent répondre. « Je vous prie de faire silence, s'écrie le maréchal; nous ne sommes ici que pour faire exécuter les ordres du Roi. » Il prescrit aux présidents et aux membres de la commission de signer l'état de fonds. Ils obéissent, en écrivant au-dessus de leur signature : « Par ordre du Roi. » Le maréchal d'Aubeterre dit ensuite : « Nous ordonnons, de la part du Roi, aux États de nous envoyer sur-le-champ la commission des finances et celle des contraventions, auxquelles nous enjoignons, également de la part du Roi, de nous porter l'état de fonds et le contrat des États, afin que nous procédions à leur signature. Enfin, nous ordonnons aux États, de la part de Sa Majesté, de terminer le reste de leurs affaires, pour nous mettre à même de faire incessamment la clôture de l'Assemblée. » A la suite de ces paroles, les commissaires du Roi se retirent, escortés jusqu'à la porte de la salle par les dix-huit, avec le cérémonial accoutumé.

Les deux commissions des finances et des contraventions vont leur faire signer l'état de fonds et le contrat. A leur retour, les États rédigent une énergique protestation contre la déclaration du 26 et la défense notifiée à leurs députés, « attendu qu'elles attaquent le droit constitutionnel des États, droit essentiel et indestructible, qui leur est commun avec tout corps, toute assemblée politique, auxquels on n'a jamais contesté le pouvoir de choisir librement leurs représentants. » Les États choisissent immédiatement trois de leurs membres, l'évêque de Quimper, le comte du Lou et Juguet, député de Montfort. Ils leur ordonnent de partir sans retard pour Versailles et de faire valoir devant le Conseil d'État leur droit d'élire librement leurs députés.

Le samedi matin, 28 décembre, à l'ouverture de la séance, les États apprennent que, pendant la nuit, les trois députés élus la veille ont reçu défense expresse de partir. L'Assemblée leur demande des renseignements qui portent l'effervescence à son comble. Les trois Ordres rédigent une seconde protestation « contre ce nouveau coup d'autorité qui les trouble dans l'exercice du droit primitif essentiel de tout corps politique... Les commissaires du Roi veulent ainsi priver une *Assemblée nationale* d'un droit qui n'a jamais été contesté au moindre citoyen. Non-seulement leur défense blesse également le droit national et la liberté civile, mais porte encore le caractère le plus formel d'un déni de justice. » Après avoir fait signer leur protestation par leurs présidents, les États font relire leur Cahier de remontrances et les instructions de leurs députés en Cour. Ils défendent à leur greffier d'en délivrer copie à d'autres qu'aux députés qu'ils ont élus. Ils déclarent nul d'avance tout acte qui, après la clôture de la session, pourrait porter atteinte au droit constitutionnel de la province. Ils chargent leurs présidents d'écrire au Roi pour lui remontrer les atteintes portées à leur liberté, et la commission intermédiaire de rédiger tous les Mémoires, de faire toutes les démarches nécessaires pour faire révoquer les défenses illégales intimées à leurs députés. La journée du 28 décembre présente la dernière séance importante des États de 1776. Le lundi 30, le maréchal d'Aubeterre prononça la clôture de la session.

Les États de 1776 avaient formé une Assemblée turbulente, passionnée, pénétrée d'un zèle ardent pour la défense des libertés de la province. Elle avait soulevé plusieurs questions sans les résoudre, attaqué bien des abus sans en obtenir le redressement. Les Assemblées suivantes seront plus heureuses. Chaque session, de 1776 à 1788, est signalée par une nouvelle conquête au point de vue constitutionnel, par la réparation de quelque atteinte portée aux franchises de la province. La Bretagne allait évidemment transformer son antique constitution, quand la Révolution française vint bouleverser ses lois et détruire son organisation politique. Il faut reconnaître néanmoins que les États de 1776 avaient ouvert à leur pays une voie féconde. Ajoutons que parmi les membres de cette Assemblée figurait un homme alors obscur, appelé plus tard à une éclatante renommée, l'abbé de Sieyès, député du chapitre de Saint-Brieuc.

ANT. DUPUY,
Maître de conférences à la Faculté des Lettres.

Rennes. — Imp. Ch. Catel.

www.ingramcontent.com/pod-product-compliance
Ingram Content Group UK Ltd.
Pitfield, Milton Keynes, MK11 3LW, UK
UKHW020355250726
13967UKWH00005B/2302

9 782013 045421